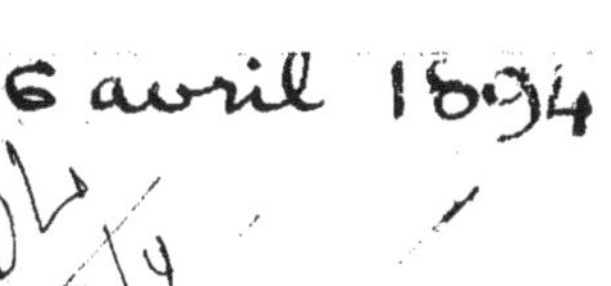

CATALOGUE
D'ESTAMPES
Anciennes et Modernes

PIÈCES SUR LES COSTUMES
CARICATURES
FRANÇAISES & ANGLAISES
SPORT
DESSINS ANCIENS

DONT LA VENTE AUX ENCHÈRES PUBLIQUES AURA LIEU

HOTEL DES COMMISSAIRES-PRISEURS

9, Rue Drouot. — Salle n° 9

Les Vendredi 6 et Samedi 7 Avril 1894

à 2 heures précises

Par le ministère de **Me Maurice DELESTRE**, Commissaire-Priseur,

27, Rue Drouot, 27

Assisté de **M. P. ROBLIN**, Marchand d'Estampes,

65, Rue Saint-Lazare, 65

PARIS — 1894

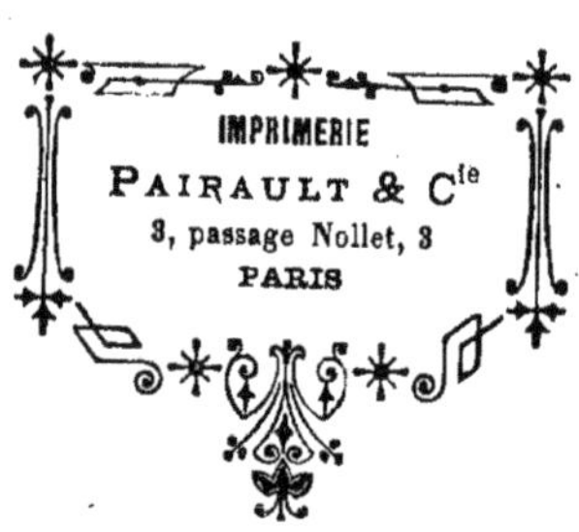

IMPRIMERIE
PAIRAULT & Cie
3, passage Nollet, 3
PARIS

CATALOGUE
D'ESTAMPES

Anciennes et Modernes

PIÈCES SUR LES COSTUMES
CARICATURES

FRANÇAISES & ANGLAISES

PAR

Cham, Cruikshank, Daumier, Gavarni, Gillray
Granville, Eug. Lami, Henri Monnier
Philippon, Pigal, Rowlandson, Traviès et autres

SPORT
DESSINS ANCIENS

···→≍8≍←···

DONT LA VENTE AUX ENCHÈRES PUBLIQUES AURA LIEU

HOTEL DES COMMISSAIRES-PRISEURS

9, Rue Drouot. — Salle n° 9

Les Vendredi 6 et Samedi 7 Avril 1894

à 2 heures précises

—→—✳—←—

Par le ministère de Mᵉ **Maurice DELESTRE**, Commissaire-Priseur,

27, Rue Drouot, 27

Assisté de **M. P. ROBLIN**, Marchand d'Estampes

65, Rue Saint-Lazare, 65

—→—╎╎—←—

PARIS — 1894

CONDITIONS DE LA VENTE

Elle sera faite au comptant.

Les Acquéreurs paieront *cinq pour cent* en sus des enchères applicables aux frais.

M. P. ROBLIN se réserve la faculté de rassembler ou de diviser les lots, et se charge de remplir les Commissions des personnes qui ne pourraient assister à la Vente.

ORDRE DES VACATIONS

Vendredi 6 avril.	Nᵒˢ	1 à 273
Samedi 7 —	—	274 à 547

(L'ordre du Catalogue sera suivi)

ESTAMPES

ADAM, MANSFELD, HUOT

1 — *Trenck* (baron de).— *Léopold II.* — *Kaunitz* (Prince de). — *Dalberg* (baron de) ; cinq portraits in-8.
Belles épreuves.

ADAM (Victor)

2 — Charades alphabétiques ; titre, couverture et vingt-cinq lithographies coloriées ; belles épreuves à toutes marges.

ALIX (P. M.)

3 — *Charlotte Corday* (Marie-Anne).
Très belle épreuve en couleur, grandes marges.

ANONYME

4 — *Lamoignon de Malesherbes*, in-folio à la manière noire.
Deux épreuves, dont une imprimée en couleur.

5 — *Coutume des Jésuites*, pièce satyrique, in-folio en largeur, avec légende en vers.
Belle épreuve, grandes marges.

AUDINET

6 — *Louis XVII*, in-18.
Très belle épreuve à toutes marges.

AUDOUIN (P.)

7 — Il n'est plus temps ! d'après P. Bouillon.
Très belle épreuve avant la dédicace. Marges.

AUDRAN (J.)

8 — *Chérier*, (Claude) théologien, d'après Tortebat ; in-4.
Très belle épreuve.

AVELINE

9 — La belle femme de chambre.
Belle épreuve, grandes marges.

AVRIL

10 — Offrande à l'amour.
Belle épreuve, marges.

BACHELIER (d'après)

2,50
Binke

11 — Les chiens de Madame de Pompadour.
Belle épreuve, grandes marges.

BACLER D'ALBE (Le général)

13 Mathias

12 — Souvenirs pittoresques ; titre, portrait et cent lithographies in-4.
Epreuves à toutes marges, cartonné.

BARBIÉ (J.)

1 Roblin

13 — *Chevert.* (F. de) d'après Hischbein ; in-8.
Très belle épreuve. *remargée*

2,50
Briandet

14 — *Turenne.* (Le vicomte de). — *Voltaire* ; deux portraits in-8.
Belles épreuves.

BARNES (John)

1 Roblin

15 — III· et IV· vues des environs d'Orléans, d'après P. Hackaert ; deux pièces.
Epreuves à toutes marges.

BARTOLOZZI (Fr)

6,50
Mathias

16 — *Maggi.* (Nat. Th.). — *Swinburne* (Henri). — *Topham* (Edw.) ; trois portraits in-8, imprimés en bistre.
Très belles épreuves.

17 — Portrait d'homme, d'après A. W. Devis, 1799. *} fondu avec le n° 8.*
Très belle épreuve avant la lettre, marges.

BASAN

1,50
Godefroy

18 — *Le menu de Saint-Philbert,* (Christophle) in-4, d'après Le Févre.
Belle épreuve.

BAUDOUIN (d'après P. A.)

37 Roblin

19 — Le fruit de l'amour secret, par Voyez (E. B. 23).
Superbe épreuve, grandes marges

50 Girard

20 — Le Jardinier galant, par Helman (25).
Très belle épreuve, grandes marges.

BEAUVARLET (J.)

5,50
Prontais

21 — *Bourgogne* (Duc de). — *Sage* (B. G.) ; deux portraits in-8.
Belles épreuves.

22 — Les adieux de Catin. — Sainte-Geneviève ; deux pièces.
Belles épreuves.

BEAUVARLET (J.)

23 — La Confidence. — La Sultane ; deux pièces faisant pendants, d'après Carle Vanloo.

Belles épreuves, marges.

24 — La lecture espagnole, d'après Carle Vanloo.

Superbe épreuve avant la lettre, grandes marges.

25 — Tancrède secouru par Herminie, d'après Lagrenée.

Deux épreuves dont une à l'eau forte pure, marges.

BELJAMBE (P.)

26 — *Cange.* (Joseph) commissionnaire de Saint-Lazare, d'après Legrand; in-4.

Très belle épreuve, imprimée en bistre, marges.

BERGHEM (par ou d'après)

27 — Etudes d'animaux, par J. Vissher. — La Masure. — Paysages, par D. Dankerts, etc.; quatorze pièces.

Belles épreuves, marges.

BERTHE (à Paris chez)

28 — A la mémoire du vertueux Lamoignon de Malesherbes ; deux pièces différentes gravées à la manière noire.

Belles épreuves, marges.

BLANCHARD

29 — Ninon de Lenclos montrant sa bibliothèque à Voltaire.

Très belle épreuve à l'eau forte pure, signée a la pointe : *Blanchard, aqua-forti 1826* marges.

BLIGNY (à Paris, chez)

30 — *Brizard* (J.-B.), acteur. — *Hénault* (Ch.-J.-Fr.). — *Maximilien-François-Xavier de Savoie* ; cinq portraits, in-4.

Belles épreuves.

31 — *Lenoir* (J.-Ch.-P.), lieutenant de police. — *Sartines* (M. de); deux portraits in-4.

Très belles épreuves.

32 — *Paul Pétrowitz*, par Pasch, d'après Voille, in-4.

Deux épreuves en différents états, a toutes marges.

BOILLY (L.)

33 — Les Amants surpris.

Très belle épreuve avant la lettre, grandes marges.

BOILVIN (Émile)

34 — Janotus de Braguiardo réclamant les cloches à Gargantua.
(H. B. 1.)
Belle épreuve avant la lettre, sur papier de Chine volant.

BONNART (à Paris, chez)

35 — Le feu de la Saint-Jean, grand in-folio.
Belle épreuve.

BONNART, TROUVAIN

36 — *Duc d'Anjou.* — La Teneuse du *duc de Bourgogne.* — *Le Mis de Boufflers.* — *Catinal.* — *M. de Chamilly.* — *Le Mal de Chateaurenaud.* — *Le Pce de Conty.* — *Duc de Vendosme.* — *Villeroy* ; dix portraits en pied.
Très belles épreuves.

BONNET (L)

37 — Sculpture, d'après J.-B. Huet.
Belle épreuve en couleur, marges.

38 — Tête de jeune femme dans un entourage orné de roses, gravé aux trois crayons, d'après Lagrenée.
Très belle épreuve.

39 — Le Retour de la Pêche.
Belle épreuve, imprimée à la sanguine, marges.

BOREL

40 — L'Innocence en danger, par F. Huot.
Très belle épreuve à toutes marges.

BOSIO (S. D.)

41 — Le Cache-Cache, — Les Quatre coins ; deux pièces.
Belles épreuves coloriées, marges.

42 — Les Quatre coins. — Le Volant ; deux pièces.
Belles épreuves, en noir.

43 — Les Oublies.
Très belle épreuve en couleur du premier tirage, grandes marges.

BOUCHER (d'après Fr.)

44 — Mlle Sandow, par Eberts, in-4.
Très belle épreuve avant la lettre, à toutes marges.

45 — Léda, gravé à la sanguine, par Demarteau.
Très belle épreuve à toutes marges.

BOUCHER (d'après Fr.)

46 — La Lumière du monde. — Seconde vue de Beauvais. — Le Dévot. — Vue du pont des lavandières, dans le clos Payon ; quatre pièces.
Très belles épreuves.

47 — Le Repos de Vénus, gravé aux trois crayons, par Bonnet.
Superbe épreuve, marges.

48 — Sylvie délivrée par Aminte, gravé par R. Gaillard.
Très belle épreuve, marges.

49 — Silvie guérit Philis de la piqûre d'une abeille, gravé par Lempereur.
Très belle épreuve, grandes marges.

50 — Vénus endormie, gravé à la sanguine par Demarteau.
Très belle épreuve.

BRACQUEMONT

51 — *Rabelais* (Fr.), in-8.
Très belle épreuve d'artiste, sur papier de Chine appliqué, grandes marges.

BRADEL (J.-B.)

52 — *Eon de Beaumont* (La chevalière d'), in-folio.
Belle épreuve, marges.

CALLOT (J.)

53 — Balli di Sfessania, suite de vingt et une pièces de costumes de la Comédie-Italienne.
Belles épreuves.

54 — Les Bohémiens, suite de quatre pièces.
Belles épreuves.

55 — Le Massacre des Innocents. — Le Bataillon. — Réjouissance villageoise ; trois pièces.
Belles épreuves.

56 — Médailles, suite de neuf pièces.
Très belles épreuves, marges.

57 — Les Misères et les Malheurs de la guerre, suite de dix-huit pièces.
Belles épreuves, marges.

58 — La Tour de Nesle, vue du côté du Louvre et du côté du Pont-Neuf ; deux pièces.
Belles épreuves.

CAMPION FRÈRES (à Paris, chez les)

59 — Les Métamorphoses de Melpomène et de Thalie, ou caractères dramatique des comédies françaises et italiennes, 1782, titre gravé, vingt-trois planches de costumes et une table, gravés par Whrisker.
Belles épreuves à toutes marges.

60 — Dix-neuf planches doubles.
Très belles épreuves à toutes marges.

CANALETTI

61 — Vues de Venise; trente pièces.
Belles épreuves.

CARDON

62 — *Gustavus Adolphus IV*. King of Sweden; in-8.
Belle épreuve.

CARICATURES ANGLAISES

63 — A Scène at Cheltenham, 1788.
Très belle épreuve coloriée, grandes marges.

64 — Je vous aime de tout mon cœur, d'après Woodward, 1790.
Belle épreuve coloriée, grandes marges.

65 — A Birmingham Toast, as given on the 14 th of July, by the Revolution society, 1791.
Belle épreuve coloriée.

66 — A Representation of the Turks, threatered with war, learning in a hurry the French manual exercise, 1791.
Tres belle épreuve coloriée, marges,

67 — The witty wine Merchant, 1792.
Belle épreuve coloriée, marges.

68 — Progress of an Irishman; dessiné et gravé par Rich. Newton, 1794.
Très belle épreuve coloriée, à toutes marges.

69 — Préparing for a Duel, d'après Woodward, 1795.
Très belle épreuve coloriée, marges.

70 — The Westminster mountebank or Palace Yard Pranks, 1795.
Très belle épreuve coloriée.

71 — Who's afraid or the affects of an Invasion !! d'après Woodward, 1796.
Très belle épreuve en couleur, à toutes marges.

CARICATURES ANGLAISES

72 — Caricatures sur W. Pitt et Fox, 1799; onze pièces.
Belles épreuves en couleur.

73 — Blunders in Style !! d'après Woodward, 1800.
Très belle épreuve coloriée, à toutes marges.

74 — Cross Readings, d'après Woodward, 1800.
Très belle épreuve coloriée, à toutes marges.

75 — Breakfast at Breteuil, gravé par Lewis. d'après Fr. G. Byron, 1801.
Superbe épreuve coloriée, marges, rare.

76 — Segar Smoking Society in Jamaica ! 1802.
Belle épreuve coloriée, marges, rare.

77 — Working over the flats in Trouble' d. Water. — The noble Smug-
glers; deux pièces, 1812.
Belles épreuves coloriées, marges.

78 — Persian Customs ! — Cheyt-Syngs, Ghost. — The High and Mighty
Queen recieving an address from the most loyal subjets in the world.
— More Humbugs or another Attak on John Bull Purse; quatre
pièces, 1818.
Très belles épreuves coloriées, marges.

79 — Delicious Dreams ! 1821.
Très belle épreuve coloriée, à toutes marges.

80 — Anglo-Gallic salutations in London. 1822.
Très belle épreuve coloriée, à toutes marges.

81 — A Matrimonial scène at Hombourg ! — Found it out, or, a German
P. Humbuged; deux pièces dessinées et gravées par J. L. Marcks.
Très belles épreuves coloriées, marges.

82 — La bonne source. — Le coup de vent; deux pièces faisant pendants.
Belles épreuves coloriées, grandes marges.

83 — A couple of Humbugs. — Bess and her R. L. Humbug. — God
send their Happiness complete, and may they make both ends to
meet; trois pièces.
Belles épreuves coloriées, grandes marges.

CARICATURES ANGLAISES

84 — Grande fabrique de barbiers, coiffeurs, perruquiers, baigneurs, à la nouvelle mode, établie dans le faubourg de Stouward de la ville de Londres.
Très belle épreuve en bistre, à toutes marges.

85 — John Bull, supporting the nuptial bed !!! — Old Snuffy inquiring after her daughter Betty; deux pièces faisant pendants, dessinées et gravées par J. L. Marks.
Très belles épreuves coloriées, grandes marges.

86 — A Merry Chritmas and a Happy New Year in London. — The same to you. — Sir and Many of em; deux pièces faisant pendants, gravées par C. Hunt.
Très belles épreuves en couleur, à toutes marges.

87 — A Pair of loving Humbug's. — The new German Waltz; deux pièces par Brooks.
Très belles épreuves coloriées, marges.

88 — Old Friends overboards. — Berkley's black eyed maid. — The Struggle; trois pièces, 1827.
Belles épreuves coloriées, grandes marges.

89 — Anointing or civic unction. — Letting go the Anchor or the Lord mayor and his Grace after dinner; deux pièces faisant pendants, dessinées et gravées par Shortshanks, 1827.
Très belles épreuves coloriées, à toutes marges,

CARICATURES

90 — Le Bon genre; vingt-et-une pièces de cette collection.
Très belles épreuves coloriées, grandes marges.

91 — Musée grotesque; vingt-huit pièces de cette collection.
Très belles épreuves coloriées, grandes marges.

92 — Crédit est mort, les mauvais payeurs l'ont tué; deux pièces.
Belles épreuves coloriées, marges.

93 — Toilette de M. Calicot. — Calicot revenant du combat. — Départ de M. Belle-taille pour le bal. — Départ de M. Calicot pour le combat des montagnes. — Calicot renonçant aux vanités de ce monde, etc.; neuf pièces.
Belles épreuves coloriées, grandes marges.

CARICATURES

94 — Calicot au champ d'honneur. — Charge de M. Calicot et Cie au
théâtre des Variétés. — Calicot de retour du combat des montagnes.
— Levée et expédition des Calicots, etc.; sept pièces.
Très belles épreuves en couleur, grandes marges.

95 — La Course des montagnes russes à Paris. — Garde à vous, ou la
compagne officieuse. — Le Russe prenant une leçon de grâce à
Paris. — La Vénus antique à sa toilette, etc.; six pièces.
Belles épreuves coloriées, marges.

96 — Caricatures sur M. Mayeux; vingt et une pièces.
Belles épreuves coloriées, grandes marges.

97 — Caricatures sur les grisettes, par Bourdet, Bouchot, Gavarni, Pruche,
Platier et autres; vingt-trois lithographies coloriées.
Très belles épreuves.

98 — Têtes grotesques et amusantes, par Daumier, Benjamin et autres;
titre et vingt lithographies in-4.
Belles épreuves, en Album.

99 — Têtes d'expressions, portraits-charges; dix-huit pièces par Daumier,
Traviès, Benjamin et autres.
Epreuves en noir et coloriées.

100 — Caricatures parisiennes. — Modes et Nouveautés. — La Boulotte
parisienne; vingt-trois pièces.
Très belles épreuves coloriées, grandes marges.

101 — Scènes populaires, Mœurs parisiennes, Scènes de Société, Pro-
verbes, Médailles ou contrastes; soixante-six lithographies, coloriées
par Pigal.
Très belles épreuves, la plupart à toutes marges.

102 — Croquis d'expressions, par J. Daumier et Plattel; quarante-six
pièces.
Lithographies coloriées, grandes marges.

103 — Caricatures diverses par Cham, Namourette, Pruche, Platier,
Berr, Bouchot et autres; cinquante lithographies.
Epreuves en noir et coloriées.

104 — Tableaux de Paris. — Ce que l'on dit et ce que l'on pense. — Sujets
divers; vingt-sept pièces par Scheffer.
Epreuves coloriées, grandes marges.

CARICATURES

30 Cahen   105 — Scènes et jeux de Société, par Pigal et Scheffer ; vingt pièces.
Belles épreuves coloriées, à toutes marges.

21 Pillet   106 — Les Voisinages ; huit lithographies, par Bouchot.
Belles épreuves coloriées, grandes marges.

41 juillet   107 — Galerie physionomique ; vingt-cinq lithographies coloriées, par Traviès.
Très belles épreuves.

12   108 — Galerie des Epicuriens, Mariage d'argent, Miroir grotesque, Tableaux de Paris ; dix-sept pièces par Traviès.
Belles épreuves coloriées, marges.

7.50 Anglade   109 — Brevets de Danse, Caricatures et Estampes sur la danse ; dix pièces.
Epreuves en noir et en couleur.

8 juillet   110 — Caricatures sur les bains et les baigneurs ; treize lithographies en noir et en couleur.

12 robles   111 — Caricatures sur l'Eteignoir ; huit pièces.
Epreuves en noir et coloriées.

8 bonne   112 — Jongleurs et acrobates ; huit pièces, gravures et lithographies.
Epreuves en noir et coloriées.

4 Pillet   113 — La Polkamanie, Physionomie des bals publics, Les Déclarations, Trop tôt, Trop tard, etc. ; dix sept lithographies, par Vernier et Bouchot.
Epreuves en noir et coloriées.

16 Pillet   114 — Caricatures et sujets d'album. Lithographies par Forest, Vve Dollet, Bouchot, Gavarni, Traviès et autres ; quarante pièces.

10 Pillet   115 — Caricatures sur Charles X ; seize pièces.
Lithographies coloriées, épreuves à toutes marges.

10 Pillet   116 — Caricatures sur Louis-Philippe. Lithographies par Daumier, Philippon, Benjamin, Platel et autres ; trentes pièces.
Epreuves en noir et coloriées.

8,50 Anglade   117 — Planches extraites du *Charivari* et de la *Caricature*. Sujets divers ; deux cents pièces en noir et coloriées.

6 Anglade   118 — Caricatures françaises et étrangères ; quarante-deux pièces en noir et coloriées.

CARMONTELLE. (Par ou d'après L. C. de)

119 — *Bachaumont* (M. de). — *Dorleus de Mairan* (J.-J.). — *Neuville et Girard*. — *Traduine de Montigny*; cinq portraits in-4, en pied.

Belles épreuves, deux sont avant la lettre.

CARMONTELLE (d'après L. C. de)

120. — La malheureuse famille Calas, par Delafosse.

Belle épreuve, marges.

CATHELIN (L. J.)

121 — *Paris de Montmartel*, (Messire Jean) marquis de Brunoy, d'après M. Q. de La Tour et Cochin le fils, grand in-folio.

Superbe épreuve, marges.

CAYLUS (Comte de)

122 — *Voltaire*; trois portraits en pied, in-4.

Très belles épreuves, marges.

CAZENAVE

123 — La Volupté, d'après J.-B. Regnault.

Très belle épreuve avant la lettre, marges.

CHALLE (d'après)

124 — La Défaite. — La Conviction; deux pièces faisant pendants, gravées par G. Marchand.

Très belles épreuves.

CHAM

125 — Pièces tirées de diverses publications illustrées; cent soixante-dix-sept pièces gravées sur bois.

126 — Romances de grand format musical, titres illustrés; cinquante pièces.

Belles épreuves à toutes marges.

CHARDIN (d'après J. B. S.)

127 — Le Bénédicité, par R. E. M. Lépicié.

Très belle épreuve, grandes marges.

128 — La Gouvernante. — La Mère laborieuse; deux pièces faisant pendants, gravées par Lépicié.

Belles épreuves, petites marges.

129 — La Mère laborieuse, par Lépicié.

Très belle épreuve, marges.

CHARLET

130 — Costumes et scènes militaires, sujets d'album ; vingt-six lithographies.

CHASTEAU (Noël)

131 — *Argenson* (Marc-René M** d'), in-4.
Très belle épreuve, marges.

CHEREAU (à Paris chez)

132 — Les Jeux gallans de l'ombre et du billard, grand in-folio.
Belle épreuve, marges.

CHOFFARD (P. P.)

133 — *Barathier* (G.-Ant.), Mis de Saint-Auban. — *La Rochefoucauld.* — *Palissot* (Ch.) ; trois portraits in-8.
Belles épreuves, marges.

134 — *Catherine II*, donnant des lois à ses peuples, in-4, d'après C. Monnet (H. B. 28).
Belle épreuve avant la lettre, marges.

135 — *Mariette*, frontispice du catalogue de sa collection, d'après C. N. Cochin, in-8 (H.B. 42.)
Belle épreuve avant la lettre, grandes marges.

CIVIL

136 — Comparaison du bouton de rose.
Belle épreuve imprimée en bistre, marges.

COCHIN (C. N.)

137 — La Botanique. — La Pharmacie ; deux pièces faisant pendants, d'après La Joue.
Belles épreuves, grandes marges.

COCHIN (d'après C. N.)

138 — La Soirée, par Gallimard.
Très belle et rare épreuve à l'état d'eau-forte pure, marges.

139 — *Caylus* (Comte de). — *Pigalle* (J. B.). — *Raynal* (G. Th.). — *Thomas* (Antoine). — *Trudaine* (J. Ch. Ph.) ; cinq portraits in-8 et in-4.
Belles épreuves, marges.

140 — Eugénie ou la noblesse, par J.-F. Rousseau.
Belle épreuve, toutes marges.

COSTUMES (Pièces sur les)

141 — Personnages célèbres, époque Louis XIV, par Trouvain, Bonnart et Mariette ; vingt-deux pièces.

142 — Les arts d'agrément. — Costumes variés, époque Louis XIV, par Trouvain et Bonnart ; dix-huit pièces en noir et en couleur.

143 — Les métiers. — Costumes de théâtre. — Costumes étrangers. — Epoque Louis XIV, par Martin, Saint-Jean et Mariette ; quarante-huit pièces.

144 — Histoire du Théâtre Italien, suite de un titre et dix-sept planches de costumes, gravées par Joullain, 1728.
Très belles épreuves, marges.

145 — Les saisons. — La dissimulée. — La mystérieuse ; huit pièces gravées à la manière noire.
Belles épreuves, à toutes marges.

146 — Modes et coiffures du XVIII· siècle, par Defraine, Desrais et autres ; douze pièces.
Epreuves en noir et en couleur.

147 — Costumes, coiffures et sujets d'ameublement du XVIII· siècle ; vingt pièces.
Epreuves en noir et coloriées.

148 — Modes du XVIII· siècle ; sept pièces en noir.
Belles épreuves, grandes marges.

149 — Incroyables, costumes du Directoire, etc. ; vingt pièces en noir et en couleur.

150 — Costumes du Directoire et de l'Empire, in-8 en album ; trente-quatre pièces.
Epreuves en noir et coloriées.

151 — Incroyables et Merveilleuses ; neuf pièces par Gatine, d'après Horace Vernet.
Belles épreuves en couleur, marges.

152 — Costumes Empire ; huit pièces en noir et en couleur.

153 — Costumes Parisiens, de 1807 à 1810 ; cinquante-six pièces.
Belles épreuves avant la lettre imprimées en noir.

COSTUMES (Pièces sur les)

30   *Fatou*   154 — Costumes Parisiens, de 1807 à 1822 ; quatre-vingts pièces.
Belles épreuves coloriées.

5,50   *Pillet*   155 — Troupes françaises. — Costumes du Directoire. — Les métiers, etc. dix-sept pièces en noir et en couleur.

6,50   *Pillet*   156 — La Mode, revue des modes, galerie de mœurs, album des Salons, tome 3ᵉ, 1830, in-8 relié, planches coloriées.

5,50   *Anglade*   157 — Modes de Paris 1835, 1 vol. in-8, relié, contenant environ quatre-vingts planches coloriées.

5,50   *Anglade*   158 — Costumes militaires français et étrangers, épreuves en noir et coloriées ; trente pièces.

15   *Mathias*   159 — The Costume of Turkey, *London, 1804* ; soixante planches in-4 coloriées, avec le texte relié.

31   *Mathias*   160 — The military costume of Turkey, *London, S. d.* ; trente planches in-4 coloriées, avec le texte relié.

37   *Mathias*   161 — Costume of the Russian Empire, *London, 1810* ; titre et soixante-dix planches in-4 coloriés, avec le texte relié.

6   *Pillet*   162 — Musée des anciens costumes turcs de Constantinople, par Jean de Brindesi ; titre et vingt-deux planches in-folio coloriées.
Epreuves à toutes marges.

32   *Binke*   163 — Costumes de peuples étrangers, texte et planches coloriées, par J. Grasset de Saint-Sauveur ; cinquante-six livraisons brochées.

18   *Roblin*   164 — Le Printemps. — L'Été. — L'Automne ; trois pièces coloriées, gravées par J. Ottinger.
Belles épreuves.

5,50   *proutais*   165 — Sujets variés par Boilly, Debucourt, Madou et autres ; quinze pièces coloriées.

13   *Anglade*   166 — Acteurs, actrices, modes, personnages célèbres, etc. ; quatre-vingt dix pièces coloriées.

10   *Roblin*   167 — Costumes et sujets divers anciens et modernes ; cent-dix pièces.

COSWAY (d'après R.)

1.50 *Roblin*

168 — *Erskine*, (The hon^ble Tho.) par G. Sharp.
Très belle épreuve, à toutes marges

CRUIKSHANK (G.)

15 *Gougy*

169 — The advantages of Travel, or a little Learning is a dangerous thing, 1824.
Très belle épreuve coloriée, à toutes marges.

19 *Vial.*

170 — The Royal Mail without opposition, 1827.
Très belle épreuve coloriée, à toutes marges.

DANIELL (W.)

9.50 *Roblin*

171 — *Eon de Beaumont*, (La chevaliere d') in-folio d'après G. Dance.
Très belle épreuve, à toutes marges.

DAULLÉ (J.)

2.50 *Anglade*

172 — La lanterne magique, d'après J. B. M. Pierre.
Très belle épreuve, marges.

3.50 *Jameseau*

173 — *Louis*, dauphin, père de Louis XVI, in-4.
Très belle épreuve avant la lettre, petites marges, rare.

174 — *Mauperluis*. — *Meerman*. (Gérard) — *Polignac*. (Card. de) — *Sonnois*; quatre portraits in-8 et in-4.
Belles épreuves.

DAVID (Jules)

0 *Mathias*

175 — Sagesse et Inconduite; suite de quinze lithographies, in-4.
Belles épreuves, dans la couverture illustrée de publication.

DEBUCOURT

810 fr.

L'acheteur ne s'est pas nommé.

176 — La main, 1788.
Superbe épreuve en couleur, avec toute sa marge, très rare.

5. *Garnier*

177 — La servante congédiée, in-8.
Très belle épreuve avant la lettre, grandes marges.

.50 *Anglade*

178 — Berceau de Paul et Virginie. — Bienfaisance de Virginie; deux pièces.
Belles épreuves, une est avec la lettre grise.

6.50 *Anglade*

179 — Artilleur anglais, d'après Carle Vernet.
Belle épreuve, grandes marges.

180 — *Haüy*, (René Juste) d'après Van Gorp, in-4.
Très belle épreuve, petites marges.

181 — *Louis XVIII*, d'après Béra.
Belle épreuve, marges.

3

DEBUCOURT (d'après)

182 — L'instruction villageoise, gravé par Glairon Mondet.
Belle épreuve, grandes marges.

DECAMPS (C.)

183 — Gravures, eaux-fortes et lithographies; vingt-cinq pièces.

DELLA BELLA (E.)

184 — Cavaliers orientaux, suite de dix pièces.
Belles épreuves, grandes marges.

185 — Desseins de quelques conduites de troupes, canons et attaques de villes; suite de douze pièces.
Belles épreuves, à toutes marges.

186 — Nouvelles inventions de cartouches dessignés et gravées à l'eau-forte; suite de douze pièces.
Belles épreuves.

187 — Trophées; suite de onze pièces.
Belles épreuves, petites marges.

188 — Vases; suite de six pièces.
Très belles épreuves.

DEMARTEAU

189 — Nymphe de Diane. — Têtes d'expression; six pièces à la sanguine et aux trois crayons.
Belles épreuves.

190 — Principes de dessin. — Berger couché. — Sujets gracieux; sept pièces à la sanguine.
Belles épreuves, marges.

191 — Principes et pensées de divers genres. — Etudes d'animaux. — Groupes d'amours. — Portraits; six pièces à la sanguine.
Belles épreuves.

DESCAMPS (d'après J. B.)

192 — Le négociant, par J. Ph. Le Bas.
Belle épreuve, marges.

DESRAIS (d'après C. L.)

193 — La Renommée couronnant le buste de Voltaire, in-4.
Deux épreuves, une est imprimée à la sanguine et l'autre aux deux crayons.

DETAILLE (d'après Ed.)

194 — Gravures, lithographies, sujets militaires; cinquante pièces tirées de diverses publications.

DEVERIA (Achille).

195 — Album des soirées. — Costumes. — Travestissements. — Sujets de genre; trente-six lithographies.

196 — Portraits. — Scènes enfantines. — Costumes. — Vignettes; cinquante-quatre gravures et lithographies.

197 — Sujets tirés de l'*Artiste*, galerie fashionable, costumes, portraits. etc.; cinquante-sept pièces.

198 — Têtes de femmes avec emblèmes de fleurs; quinze pièces.
Lithographies coloriées, à toutes marges.

199 — Titres de romances, grand format musical; cinquante pièces.
Très belles épreuves.

DEVOSGES (d'après)

200 — Cérès et l'amour, gravé par Perée et Cazenave.
Très belle épreuve en couleur, à toutes marges.

201 — Le voyage à Cythère.
Belle épreuve, grandes marges.

DIVERS

202 — *Angoulème*. (Duc et duchesse d'); Seize portraits différents, gravés et lithographiés.
Belles épreuves en noir et en couleur.

203 — *Berry*. (Duc de); vingt-un portraits différents.
Belles épreuves imprimées en noir et en couleur.

204 — *Belle d'Etienville* (de). — Bernard de Bonnard. — Bernouill (J.). — *Desallier d'Argenville*. — Bion (Nicolas). — *Le Noir*, préfet de Police; six portraits in-8 et in-4.
Belles épreuves.

205 — *Charles X*. — Dix-sept portraits et caricatures de tous formats.

206 — *Charlotte Corday*; douze portraits in-8 et in-4.
Belles épreuves.

DIVERS

207 — *Enghien.* (Louis-Antoine de Bourbon-Condé, duc d'); quatorze portraits in-8 et in-4.
Epreuves noires et coloriées.

208 — *Henri V* à différents âges; douze portraits de tous formats.
Belles épreuves dont un dessin à l'aquarelle.

209 — *Jeanne Hachette*; cinq portraits en noir et en couleur.

210 — *Louis XVIII*, portraits et scènes; vingt-une pièces.
Belles épreuves.

211 — *Louis-Philippe 1er.* — *Marie-Amélie*, caricatures; trente-trois portraits différents.
Epreuves en noir et coloriées.

212 — Famille royale d'Espagne. — *Marie-Antoinette.* — *Condé* (Princesse de). — *Blois* (Mlle de). — *Este* (Marie-Eléonore d'). — *Sobieski* (la princesse). — *Sophie Arnoult.* — *Jeanne Gray.* — *Deshou-lières* (Mme) — *Clairon* (Mlle). — *Barilli* (Marianne) et autres; quatorze portraits.
Belles épreuves.

213 — Personnages célèbres, gravés par des artistes du XVIIIe Siècle; quarante-trois portraits.
Belles épreuves, la plupart à toutes marges

214 — Personnages célèbres, gravés par des artistes du XIXe siècle; vingt-neuf portraits.
Belles épreuves, plusieurs sont avant la lettre.

215 — Personnages divers, anciens et modernes; soixante portraits.
Belles épreuves, plusieurs sont avant la lettre.

216 — Affiche illustrée du divan japonais; vingt épreuves.

217 — Affiches de la ville, affiches en couleur par Chéret; quatre-vingt-dix pièces.

218 — Costumes militaires, Portraits, Scènes historiques, sujets divers. soixante pièces.
Epreuves en noir et coloriées.

219 — Portraits d'hommes, paysages; quatre pièces.
Belles épreuves avant la lettre.

DIVERS

2 Anglade 220 — Lithographies, titres de romances ; cent pièces.
Belles épreuves, la plupart sont sur papier de Chine, avant le titre.

1 Anglade 221 — Paysages. vues, batailles ; vingt-deux pièces.

20,50 222 Sous ce numéro il sera vendu par lots environ quinze cents pièces.
Estampes, portraits, vignettes, lithographies, sujets gracieux, etc.

5 anglade
3,50 anglade
4,50 Anglade
3,50 Damoiseau
4, Anglade
20,50

DORÉ (d'après Gustave)

1,50 on paie et 269 223 — Sujets tirés de diverses publications, gravures sur bois ; cent pièces.

DREVET (P.)

2 frontais 224 — *Le Blanc* (Claude) d'après Le Prieur. — *Cisternay du Fay,* d'après Rigaud ; deux portraits in-8 et in-4.
Belles épreuves

DROUAIS (d'après)

20 Girard 225 — La petite fille faisant des bulles de savon et jouant avec son chat, gravé par Mlle Boizot.
Très belle épreuve avant toutes lettres, grandes marges.

DUFLOS (P.)

3,50 Mathias 226 — Frontispice allégorique avec portrait de Voltaire en médaillon, d'après De Guigne et Desrais ; in-8.
Deux epreuves dont une à l'eau-forte pure.

DUGOURE (D'après D.)

70 Roblin 227 — Le lever de la Mariée, par P. Trière.
Superbe épreuve à l'état d'eau-forte avancée, grandes marges. Très rare.

DUPLESSIS-BERTAUX

1,50 Frontais 228 — Réjouissance flamande. — Episode de la guerre de Pologne ; deux pièces.
Très belles épreuves à l'eau-forte pure, à toutes marges.

3 Binke 229 — Batailles du Ier Empire, scènes historiques ; neuf pièces.
Belles épreuves avant la lettre et à l'eau-forte pure.

DUMESNIL (D'après P. L.)

5 on paie 230 — Le recouseur de Fayance. — Le Garçon cabaretier ; deux pièces.
Belles épreuves, marges.

DUNKER

231 — Vignettes in-8 pour les tableaux de Paris, par Mercier ; soixante-quatorze pièces.
Epreuves à toutes marges.

ÉCOLE ANGLAISE

232 — A Saint-Gilles's Beauty. — A Saint-James's Beauty.—La Maîtresse indifférente ; quatre pièces par Benwell et Cipriani.
Belles épreuves imprimées en bistre, marges.

233 — Cérémonie du Sacre de Georges IV, planches in-folio, peintes à la gouache et les légendes imprimées en lettres d'or ; trois pièces, gr. in-folio.
Très belles épreuves à toutes marges, une est imprimée sur parchemin.

234 — Cecilia Everard. — Solphronia ; deux pièces ovales faisant pendants.
Très belles épreuves en couleur, à toutes marges.

235 — Diana and Nymph. — Paris and OEnone ; deux pièces ovales faisant pendants ; gravées par M. Martin, d'après A. Kauffmann.
Belles épreuves, encadrées.

236 — Docet Amor ; gravé en bistre, par Condé, d'après Cosway.
Belle épreuve, grandes marges.

237 — The Feather'd fair, feeding the Feather'd Fowl. ; gravé en couleur par Carington Bowles.
Très belle épreuve, marges.

238 — Pomona ; par M. Pozard, d'après Cipriani.
Belle épreuve en bistre, marges.

EISEN (d'après Ch.)

239 — Erigone ayant l'amour près d'elle.
Très belle épreuve à l'eau-forte pure, grandes marges.

240 — Les Villageois, par de Fehrt.
Belle épreuve, grandes marges.

ESNAULT ET RAPILLY (à Paris, chez)

241 — *Ally* (Hyder), chef des Mahrattes. — *Bayard*. — *De Belloy*. — *Prince de Condé*. — *Caradeuc de la Châlotais*. — *Necker*. — *Vernet* (Joseph). — *Villars ;* quinze portraits in-8.
Belles épreuves, la plupart avant les numéros et à toutes marges.

ESNAULT ET RAPILLY (à Paris chez)

6,50
Proutais

242 — *Assas* (le chevalier d'). — *Bertin* (J.-B.). — *L. A. de Goutaut duc de Biron.* — *L. J. de Bourbon, prince de Condé.* — *Bourbon Condé*; six portraits in-8.
Belles épreuves, quatre sont avant les numéros.

243 — *Bourbon Condé.* — *Colbert* (J.-B.). — *Dupuy* (L.). — *Helvetius, J. de Lalande.* — *Sage.* — *Saint-Germain* (Cte de). — *De Sartines.* — *Turenne*; neuf portraits in-8.
Belles épreuves, à toutes marges.

3,50
Proutais

244 — *Chalotais* (Caradeuc de la). — *Christian VII.* — *Dorat.* — *Ferdinand IV.* — *Frédéric II.* — *Fréron* ; sept portraits in-8.
Belles épreuves.

6
Roblin

245 — *Du Barry* (Mme la comtesse), par Gaucher, d'après Drouais, in-8, avec entourage de roses.
Belle épreuve, à toute marge.

246 — *Du Barry* (Mme la Comtesse), par Le Beau, d'après Marilly, in-8.
Belle épreuve, à toute marge.

5,50
Proutais

247 — *Dupuy* (L.). — *L. Euler.* — *Gerbier* (P.J.-B.). — *Joseph*, sourd-muet. — *Joseph II.* — *La Condamine.* — *De La Harpe.* — *De Lalande.* — *Linguet.* — *De Lowendal.* — *Luxembourg.* — *Philippe IV*; quinze portraits in-8.
Belles épreuves, la plupart à toutes marges.

4,50
Mathias

248 — *Eon de Beaumont* (La Chevalière d'); trois portraits différents, in-8.
Très belles épreuves.

3,50
Damoiseau

249 — *Joseph II.* — *Linguet.* — *Louis*, Dauphin, père de Louis XVI. — *P. Paoli.* — *Provence* (comte de). — *Sartines* (M. de) ; neuf portraits, in-8.
Belles épreuves avant les numéros.

5. Roblin

250 — *Mlle Lescot*, actrice. — *Marie-Thérèse*, reine de Hongrie. — *Comtesse de Provence*; cinq portraits in-8.
Belles épreuves avant les numéros.

251 — *Louis XV*, par Hubert, in-8.
Très belle épreuve avant le numéro, marges.

ESNAULT ET RAPILLY (à Paris chez)

252 — *Louis XVI.* — *Marie-Antoinette*; deux portraits, d'après Hubert et Vanloo.
>Belles épreuves avant les numéros, à toutes marges.

253 — *Paul Pétrowitch*, grand-duc de Russie; quatre portraits différents. in-8.
>Très belles épreuves à toutes marges.

254 — *Piémont.* (Prince de) — *Poullain de Saint-Foix.* — *Préville,* comédien. — *Sage.* — *Saint-Germain.* (comte de) — *Eugène de Savoie.* — *Saxe.* (le mal de) — *Sully.* — *Turenne*; seize portraits in-8.
>Belles épreuves, la plupart à toutes marges.

255 — *Provence,* (comte et comtesse de) d'après Vanloo et Queverdo; deux portraits in-8.
>Très belles épreuves avant les numéros, à toutes marges.

FELSING (C.)

256 — *La Roche* (Franz Von); d'après Hill, 1791, in-4.
>Très belle épreuve imprimée à la sanguine, marges.

FESSARD

257 — La Cage symbolique.
>Superbe épreuve avant la dédicace, grandes marges, rare.

FLAMENG (Lépold)

258 — Un portrait et dix figures in-8, dessinées et gravées à l'eau-forte pour *Manon Lescaut.* Edition Glady.
>Epreuves avant la lettre sur papier Whatmann, à toutes marges.

FOLKEMA (J.)

259 — *Varlet.* (D. Maria) Evêque, d'après Pethoven, in-4.
>Très belle épreuve, marges.

FRAGONARD (d'après H.

260 — La Fontaine d'amour. — Le Songe d'amour; deux pièces faisant pendants, par N.-F. Regnault.
>Belles épreuves, marges.

261 — Fontaine d'amour, gravé au pointillé par Audebert.
>Belle épreuve, marges.

262 — Par eux l'amour l'éclaire, gravé par Castel.
>Très belle épreuve, marges.

FRAGONARD FILS (d'après)

263 — Lithographies ; vingt pièces.
Belles épreuves.

FREUDENBERG (d'après S.)

264 — La petite famille suisse, gravé par B.-A. Dunker.
Très belle épreuve. marges.

265 — Dans un riche intérieur, élégamment décoré, un jeune homme en déshabillé est assis près d'un bureau ; il prend, d'une main, le menton d'une jeune femme, marchande ou soubrette, qui debout près de lui, tient à la main un nœud de cheveux ; de l'autre, il lui montre un sac d'écus. Un ami qui entrait, s'arrête surpris, en voyant cette scène, composition de trois personnages.
Epreuve dans un état d'eau-forte avancée, d'une pièce de la plus grande rareté.

GAVARNI

266 — Les Douze Mois.
Epreuves à toutes marges.

267 — Gravures et lithographies ; soixante-cinq pièces, tirées hors texte.
Belles épreuves.

268 — Romances du grand format musical, titres illustrés par Gavarni ; huit pièces.
Belles épreuves à toutes marges.

GAVARNI (d'après)

269 — Sujets tirés de diverses publications ; soixante-trois pièces, gravées sur bois.

GÉRICAULT (d'après Th.)

270 — Etudes de chevaux ; quinze pièces.

GERMAIN (F.)

271 — Cahier de quatre paysages. dessinés par Weirotter, publié chez Chéreau.
Epreuves à toutes marges.

GILLRAY (J.)

272 — L'Assemblée nationale, or grand coopérative Meeting at Saint-Ann's Hill. — Confederated Coalition. — Middlesex, election 1804 ; trois pièces.
Belles épreuves coloriées.

273 — Germans eating sour-krout, 1803.
Très belle épreuve coloriée, marges.

GRANVILLE (J.-J.)

274 — Grande course au clocher académique planches I, II, III, caricatures et sujets divers; huit pièces.
Belles épreuves, en noir et coloriées.

275 — Les Métamorphoses du jour; quarante-deux pièces.
Belles épreuves coloriées, grandes marges.

276 — La Métempsycose réalisée. Suite de quinze lithographies in-4 en largeur.
Très belles épreuves coloriées à toutes marges.

277 — Revue des Théâtres de Campagnes. — La Petite Ménagerie. — Les Métamorphoses du jour; cinquante-deux pièces.
Belles épreuves coloriées, grandes marges.

278 — Vignettes pour les chansons de Béranger, 1838; cent vingt pièces, gravées sur bois.
Epreuves du 1ᵉʳ tirage à toutes marges.

GRAVELOT (d'après Hub.)

279 — *Louis XV*, petit médaillon en tête d'une planche de géométrie, gravé par de Lafosse, 1760.
Très belle épreuve, marges.

GREUZE (d'après J.-B.)

280 — L'Accordée de village. — L'exemple d'humanité. deux pièces.
Belles épreuves, marges.

281 — Annette. — Lubin; deux pièces faisant pendants, gravées par L. Binet.
Belles épreuves, grandes marges.

282 — Le bon exemple. — L'occupation; deux pièces gravées à la manière noire par J.-J. Haïd.
Belles épreuves, marges.

283 — La bouillie.
Belle épreuve à l'eau-forte pure, grandes marges.

284 — Diane. — Calisto; deux pièces faisant pendants, gravées par R. Gaillard.
Belles épreuves, grandes marges.

285 — Jeune tricoteuse endormie, réduction en contrepartie, d'après Claude Donat Jardinier.
Très belle épreuve avant toutes lettres, marges.

GREUZE (d'après J.-B.)

286 — Le malheur imprévu, par R. de Launay.
Très belle épreuve à l'eau-forte pure.

287 — Le ménage ambulant. — Retour sur soy-même; deux pièces gravées par L. Binet.
Belles épreuves, grandes marges.

288 — La vertu chancelante, par J. Massard.
Très belle épreuve à l'eau-forte pure, marges.

GUÉRIN (C.)

289 — *Stockmeyer* (Martin) de Colmar, in-4.
Très belle épreuve, grandes marges.

GUTTENBERG (Carl)

290 — Invocation à l'amour, d'après Théolon.
Très belle épreuve, marges.

GUYOT

291 — Action courageuse qui a mérité le prix à l'académie d'Amiens en 1786. — Action de Joseph Chrétien qui a remporté le prix à l'Académie française; deux pièces faisant pendants, par Texier.
Belles épreuves imprimées en couleur, marges.

HEILLMAN (d'après)

292 — Le bon exemple, gravé par Chevillet.
Très belle épreuve, marges

HÉMERY (Ant. Fr.)

293 — La fidélité surveillante; d'après Deshayes.
Très belle épreuve avant la lettre, grandes marges.

HOOPER (H.)

294 — *Eon de Beaumont*, (la chevalière d') in-folio à la manière noire, 1773.
Très belle épreuve.

HUET (d'après J.-B.)

295 — Amour et Bacchante, in-4.
Très belle épreuve imprimée à la sanguine, encadrée.

INCROYABLES

296 — Départ des remplacés. — Arrivée des remplaçants; deux pièces faisant pendants.
Belles épreuves, grandes marges.

JACQUEMART (Jules)

297 — Reproduction de reliures anciennes; neuf pièces.

JANINET et DE MONCHY

298 — Mémorial pittoresque de la France ou recueil de toutes les belles actions, traits de courage, de bienfaisance, de patriotisme et d'humanité, arrivés depuis le règne de Henri IV jusqu'a nos jours; neuf pièces en couleur.

Superbes épreuves, à toutes marges.

JONES (John)

299 — *M. Ramsden*, d'après R. Home, in-folio à la manière noire.

Très belle épreuve, grandes marges.

JOULLAIN (F.)

300 — *Breteuil*, (Fr. Vic. Le Tonnelier de) d'après Vanloo le père, in-4.

Très belle épreuve, grandes marges.

301 — *Du Fresny*, (Ch. Rivière) in-8 et in-4.

Trois épreuves, dont une avant toutes lettres.

KLAUBER, (I. S.) JEAURAT (E.)

302 — *Puget*. (Pierre) — *Allegrain* : deux portraits in-folio.

Belles épreuves, marges

LAMI (Eugène)

303 — Les contretemps; suite de vingt-quatre lithographies in-4 en largeur. (H. B. 196-219.)

Très belles épreuves coloriés, a toutes marges.

304 — Souvenirs de Londres; suite de douze lithographies in-4, 1831. (H.B. 220-231).

Très belles épreuves coloriées, dans la couverture de publication. Rare.

305 — Onze planches doubles.

Belles épreuves coloriées, grandes marges.

306 — Cinq planches doubles.

Epreuves coloriées, marges.

LANGLOIS (P. G.)

307 — *Voltaire*, d'après de La Tour, in-4.

Trois épreuves en différents états.

LASNE (M.)

308 — *Isambert.* (Nic.) — *Jacques Callot.* — *J. Cousinot.* — *Duval.*
(André) — *Moreau.* (René) — *Muis.* (Siméon de) — *Rioland.* (Jean)
— *Villeroy*; huit portraits in-8 et in-4.
Très belles épreuves, grandes marges.

309 — *Marillac.* (Michel de) — *Maynard.* (Fr.) — *Urbain VIII*; trois
portraits.
Belles épreuves.

LAUNAY (Nic. de)

310 — *Bignon*, (Armand Jérôme) d'après Drouais, in-folio.
Très belle épreuve, grandes marges.

LAVREINCE (d'après N.)

311 — La comparaison, par Janinet, en couleur.
Épreuve avant la lettre de la reproduction.

LE BARBIER (d'après)

312 — Couronnement de La Fontaine par Ésope, gravé par Macret.
Très belle épreuve avant la dédicace, grandes marges.

313 — Vignettes pour les œuvres de Florian; trente-cinq pièces in-18.
Épreuves à toutes marges, plusieurs sont avant la lettre.

LE BAS

314 — Les jardinières. — La conversation. — Le retour du marché. —
Les marchandes; quatre sujets tirés des ports de France, de J.
Vernet, in-4.
Belles épreuves, marges.

315 — Le matin. — Le midy. — L'après-dinée. — Le soir; suite de
quatre pièces d'après Berghem.
Belles épreuves, grandes marges.

LE BRUN (d'après)

316 — La toilette de la mariée ou le jour désiré, par Dambrun.
Belle épreuve, marges.

LEBRUN (d'après L. Vigée)

317 — Vénus liant les ailes de l'amour, par Schulze.
Superbe épreuve à l'eau-forte pure, grandes marges, rare.

318 — L'innocence se réfugiant dans les bras de la justice. — La paix
qui ramène l'abondance; deux pièces faisant pendants, gravées par
Viel et Bartolozzi.
Belles épreuves, marges.

LEGRAND

319 — Apothéose de Voltaire, d'après Dardel; trois pièces.
Belles épreuves, une est avant la lettre.

LE POITEVIN

320 — Les diables de lithographies ! suite de six pièces dans la couverture illustrée de publication.
Epreuves en feuilles.

LE PRINCE (d'après J. B.)

321 — L'Amour à l'Espagnole, par Aug. de Saint-Aubin et N. Pruneau.
Belle épreuve à toutes marges.

322 — Le Bonheur du ménage, par N. de Launay.
Belle épreuve, toutes marges.

323 — Le Médecin clairvoyant. — Le Nécromancien; deux pièces faisant pendants, gravées par Helman.
Très belles épreuves, marges.

LEPRINCE (Xavier)

324 — Les Inconvénients de diligence; treize pièces, lithographies coloriées.
Belles épreuves.

LIGNON (Fred.)

325 — La Vierge au Poisson, d'après Raphaël.
Très belle épreuve, grandes marges.

LINGÉE (Mme). INGOUF

326 — *Lenoir* (J. Ch. P.) lieutenant de police. — *Marchand* (J. H.) avocat. — *Simon* (P. Guill.) Imprimeur parisien; trois portraits in-4.
Très belles épreuves, grandes marges.

LONGUEIL (de)

327 — Ménage des bonnes gens, d'après Lépicié.
Très belle épreuve avant la dédicace, grandes marges.

LORRAIN (J. L. Le)

328 — La mort de Cléopâtre, d'après J.-B. de Troy.
Belle épreuve à toutes marges.

LOUTHERBOURG (après P. J. de)

329 — L'Agneau chéri. — L'Amant curieux; deux pièces faisant pendants, gravées par Le Veau.
Très rares épreuves avant toutes lettres à l'état d'eau-forte pure, grandes marges.

330 — Tom Jones et M. Western. — Tom Jones assistant Molly Seagrim ; deux pièces faisant pendants, gravées par Picot et Bartolozzi.
Belles épreuves, marges.

MALBESTE

331 — Tableaux des principaux peuples de l'Europe; deux pièces, d'après Saint-Sauveur.

Epreuves en couleur, marges.

MALLET (d'après)

332 — Le premier baiser de l'amour, par Copia.

Superbe épreuve imprimée en couleur, avec toute sa marge, très rare dans cette condition.

MARCENAY DE GUY

333 — *Argenson* (Marc. Pet. de Voyer d') — *Prince Eugène,* — *Bayard;* quatre portraits in-8.

Belles épreuves, deux sont avant la lettre.

MARILLIER (d'après)

334 — Vignettes pour les Œuvres de J.-J. Rousseau; dix-huit pièces in-8.

Belles épreuves avant la lettre, grandes marges.

MARLET

335 — Tableaux de Paris; quarante-cinq pièces.

Belles épreuves.

336 — Quinze planches doubles.

Epreuves coloriées, à toutes marges.

MARTINET (à Paris chez)

337 — Suite effrayante des fréquentations du Sérail.

Belle épreuve en couleur, marges.

338 — L'origine de Nicolas.

Belle épreuve grandes marges.

MASSON (Ant.)

339 — *Marin Cureau de la Chambre,* d'après Mignard.

Très belle épreuve.

MATHONIER (Nic. de) MEISSENS

340 — *Louis XIII.* — *Anne d'Autriche;* trois portraits in-8.

Très belles épreuves, marges.

MAUCLER (J,)

341 — The Muses crowning the bust of Voltaire, d'après Angélica Kauffmann.

Très belle epreuve en couleur, grandes marges.

MAURIN (N.)

342 — La Esmeralda; suite de six pièces et la couverture. Portraits et
sujets divers. Ensemble neuf pièces.

Belles épreuves.

MELLAN (Cl.)

343 — *Blackwood* (H.) — *Lesdiguières* (Ch. de Créquy, duc de). —
Naudé (Gabriel); quatre portraits in-8 et in-4.

Belles épreuves, marges.

MICHEL (J.-B.), **MIGER**

344 — *Voltaire*; deux portraits in-4.

Très belles épreuves, marges.

MONCHY (de)

345 — La Danse à trois au son des castagnettes, d'après Le Peintre.

Belle épreuve, marges.

MONDHARE (à Paris, chez)

346. — *Broglie* (Victor, Fr. duc de); in-8, deux portraits différents.

Très belles épreuves à toutes marges.

347 — *Dugazon*, (Mme) de la Comédie italienne, in-8.

Très belle épreuve en couleur à toutes marges.

MONNET (d'après C.)

348 — Le Roi d'Ethiopie abusant de son pouvoir, par Vidal.

Superbe épreuve avant toute lettre et avec la remarque, grandes marges.

MONNET ET LÉPICIÉ (d'après)

349. — Figures pour l'histoire de France, gravées par Le Bas, vingt-sept
pièces.

Epreuves à toutes marges, avec le prospectus de publication.

MONNIER (Henry)

350 — L'Espionne, comédie-vaudeville, en 3 actes (Variétés), suite de six
lithographies, in-8, avec la couverture (H. B. 32-37).

Très belles épreuves coloriées à toutes marges.

351 — Passe-temps, suite de six lithographies in-4 en hauteur
(H. B. 105-110).

Belles épreuves coloriées, marges.

352 — Récréations du cœur et de l'esprit; titre, couverture et trente-huit
lithographies in-4 en largeur (H. B. 113-154).

Très belles épreuves coloriées, grandes marges (2 pièces sont en noir).

MONNIER (Henry)

353 — Titre et trente pièces doubles.
Très belles épreuves coloriées, grandes marges.

354 — Paris vivant, suite de vingt lithographies in-4 (H. B. 253-273).
Très belles épreuves coloriées à toutes marges.

355 — Scènes de jour. — Les péchés capitaux; suite de douze lithographies in-4, 2 sujets à la feuille (H. B. 274-285).
Très belles épreuves coloriées à toutes marges.

356 — Lithographies d'après les chansons de Béranger; dix-neuf lithographies in-4 (H. B. 296 et suiv.).
Très belles épreuves coloriées, grandes marges.

357 — Dix-sept planches doubles.
Epreuves en noir et coloriées.

358 — Les Grisettes, lithographies in-8 à claire-voie, publiés par Giraldon Bovinet; couverture, titre et vingt-quatre planches coloriées (H. B. 329-370).
Très belles épreuves à toutes marges.

359 — Mœurs administratives; titre et six lithographies in-4 en hauteur (H. B. 377-383. — Les grisettes, suite de six lithographies in-4 en largeur (H. B. 371-376).
Très belles épreuves coloriées, grandes marges.

360 — Mœurs administratives; titre et six lithographies in-4 en hauteur (H. B 377-383).
Très belles épreuves coloriées à toutes marges.

361 — La même collection.
Très belles épreuves coloriées, grandes marges (le titre manque).

362 — Mœurs administratives; titre et douze lithographies in-4 en largeur (H. B. 384-396).
Très belles épreuves coloriées à toutes marges.

363 — Les petites félicités humaines. — Les petites misères humaines; dix lithographies in-4 en largeur (H. B. 463-472).
Epreuves en noir à toutes marges.

364 — Chansons de Béranger; trente-deux lithographies in-8 en largeur, *Paris, Baudouin 1828* (H. B. 613-652).
Epreuves en noir et coloriées.

MONNIER (Henry)

365 — Chansons de Béranger ; suite de quatre lithographies in-8 en largeur, réduction des in-4 (1873).
Epreuves coloriées, toutes marges.

366 — La même collection.
Epreuves coloriées avant la lettre à toutes marges.

MONNIER (attribué à Henry)

367 — Les Parades, 1791-1826, suite de douze lithographies in-4 en largeur.
Très belles épreuves coloriées, toutes marges.

MONNIER (Henri) et **LAMI** (Eug.)

368 — Voyage en Angleterre, 1829 ; dix-huit planches coloriées.
N°° 1 à 12 et 19 à 24, épreuves à toutes marges, dans les couvertures de publica-tion.

MONNIER (Henry), **DECAMPS, WATTIER**

369 — Pasquinades, suite de onze lithographies grand in-4 (H. B. 490-495).
Très belles épreuves coloriées, très rare.

MOREAU LE JEUNE (J.-M.)

370 — David et Bethzabée. d'après Rembrandt.
Très belle épreuve, grandes marges.

371 — Le Prince de Lambesc, aux Tuilleries (E. B. 293).
Très rare épreuve à l'eau-forte pure, marges.

MOREAU LE JEUNE (d'après J. M.)

372 — Adam et Eve, par L. Legrand.
Très belle épreuve avant la lettre, grandes marges.

373 — L'accord parfait, par Helman, 1777.
Belle épreuve avec les lettres A. P. D. R., marges.

374 — L'accord parfait, par Helman, 1777.
Belle épreuve, toutes marges.

375 — La course de chevaux. — Le pari gagné ; deux pièces par Camligue et Guttenberg.
Belles épreuves avec les lettres A. P. D. R., marges.

376 — N'ayez pas peur, ma bonne amie, par Helman, 1777.
Belle épreuve, toutes marges.

377 — Les petits parrains, par C. Baquoy.
Belle épreuve, toutes marges.

MOREAU LE JEUNE (d'après J.-M.)

378 — Au Roi, par N. Le Mire,
Belle épreuve, grandes marges.

379 — Le Coup de vent, par G. Malbeste.
Très belle épreuve avant la lettre, toutes marges.

380 — Estampes in-4 pour les Œuvres de J.-J. Rousseau, édition de Londres, 1774 ; vingt-huit pièces.
Belles épreuves du 1er tirage sur papier fort, dix planches sont avant la pagination.

381 — Vignettes in-4 pour la Henriade de Voltaire, 1782 ; neuf pièces.
Belles épreuves avant la lettre, marges.

382 — Le Pauvre Diable. — Marianne ; trois pièces in-4 pour les Œuvres de Voltaire.
Belles épreuves avant la lettre dont une double à l'eau-forte pure

MORLAND (d'après G.)

383 — Dressing for the masquerade, par Bartolotti.
Belle épreuve, toutes marges.

MOUCHET (d'après F.)

384 — Le Larcin d'amour, gravé par Prot.
Belle épreuve à grandes marges.

NAPOLÉON (Pièces sur)

385 — *Bonaparte, 1er consul. — Napoléon 1er, empereur. — L'impératrice Joséphine. — Couronnement de Joséphine ; sept pièces, publiées chez Jean.*
Belles épreuves coloriées, à toutes marges.

386 — *Napoléon, (Eugène) vice-roi d'Italie. — Napoléon (Jérôme), roi de Westphalie. — Napoléon, (Louis) roi de Hollande ; trois portraits in-folio, gravés par Ruotte.*
Très belles épreuves à toutes marges.

387 — *Louis Napoléon,* roi de Hollande, par Ruotte, d'après le buste de Cartellier.
Très belle épreuve, grandes marges.

388 — *D. Joseph Napoléon,* roi d'Espagne et des Indes, par Ruotte, d'après Robert Lefèvre.
Très belle épreuve avant les noms d'artistes, toutes marges.

NAPOLÉON (Pièces sur)

3?9 — C'est aujourd'hui la Saint-Lambert, qui quitte sa place la perd. — Napoléon et Joséphine, ou le divorce. — Portraits chargés de Napoléon. — Rébus, etc. ; dix pièces.
Epreuves avec marges.

390 — *Napoléon Ier. — Marie-Louise. — Le Roi de Rome. — Joseph Bonaparte. — Louis Bonaparte. — Napoléon III. — L'impératrice Eugénie*, etc.

391 — Portraits de la famille Napoléon, personnages étrangers ; trente pièces.
Epreuves en noir et en couleur.

392 — Départ pour l'armée. — Arrivée de Napoléon dans l'Isle d'Elbe. — Nicolas Philoctète dans l'Isle d'Elbe. — Napoléon et Cambacérès. — La lecture des journaux. — L'Homme rouge arrête les derniers efforts du Tyran. — La Crise salutaire. —. Le Songe ; huit pièces coloriées.
Belles épreuves, grandes marges.

393 — Portraits de Napoléon. — Les adieux de Fontainebleau. — Bataille de Navarin. — Mort de Marceau. — Batailles de Montereau, Lodi et autres. — Allégories ; vingt-deux pièces grand in-folio (sera divisé).
Très belles épreuves, plusieurs sont avant la lettre.

NAUDET (à Paris chez)

394 — Les Filles de joie, rasées. — Gueux de Merlan, Oh ! je le tiens !... — S'enfuir en demi-chevelure... ; trois pièces gravées à l'eau-forte.
Belles épreuves, marges.

NÉE

395 — *Pierre-le-Grand*, d'après Le Barbier, in-4.
Très belle épreuve avant la lettre, grandes marges.

396 — La chambre du cœur de Voltaire, d'après Duthé.
Très belle épreuve avant la lettre à toutes marges.

NÉE et MASQUELIER, PRÉVOST

397 — Le déjeuné de Ferney. — Le lever du philosophe de Ferney. — et 398 Voltaire en son château de Ferney ; trois pièces.
Belles épreuves, une est coloriée.

NETVER (d'après)

398 — Petite maîtresse anglaise, pinçant de la guitare.
Belle épreuve, grandes marges.

NEUVILLE (Alph. de)

399 — Gravures, lithographies et bois tirés de divers publications illustrées ; quarante-sept pièces.

NILSON (J. E.)

400 — *Augustus Wilhelmus. — Frédéric II. — Georges III. — Joseph II. — Louis XV. — William Pitt* ; huit portraits.
Très belles épreuves, marges.

ORNEMENTS

401 — *Ackermann's expository of Arts, etc*, recueil de cent planches en couleur, réunies en un volume in-8, représentant des voitures, meubles, objets d'arts, etc.

402 — Vitreaux. Onze pièces.
Épreuves en noir et coloriées, dont deux dessins signés L. Ottin.

403 — Papier ancien, à fleurs et gaufré doré. Vingt-cinq feuilles.

OSTADE (d'après Van)

404 Intérieur rustique.
Belle épreuve gravée en couleur

PARROCEL

405 — Halte des gardes suisses, par J.-G. Le Bas.
Belle épreuve, marges.

PENCZ (Charles)

406 — Les six triomphes décrits par Pétrarque, suite de six pièces (B. 117-122).
Très belles épreuves, petites marges.

PETIT

407 — *Thurot* (M), capitaine de haut bord, in-4.
Belle épreuve, marges.

PHILIPPON (Charles)

408 — Scènes d'amourettes, vingt-deux pièces et la couverture.
Lithographies coloriées, grandes marges, rare.

409 — Album pour rire, les Professions, les Annonces, les Déclarations Quatorze lithographies coloriées.
Épreuves à grandes marges.

PHILIPPON (Charles)

410 — Les Modes, les Ridicules, Souvenir d'amourettes, Mes connais-
sances, Scène parisienne, etc. Seize pièces.
Belles épreuves coloriées, grandes marges.

PIÈCES HISTORIQUES

411 — Etats tenus à Blois.— Massacre de la Saint-Barthélemy.— Assas-
sinat de Henry IV. — Entrée de Henry IV dans Paris. Quatre pièces
anciennes.
Belles épreuves.

412 — Mort du chevalier d'Assas.
Très belle épreuve, sans noms d'artistes, grandes marges.

POMPADOUR (Mme la marquise de)

413 — Bas reliefs, deux pièces.
Très belles épreuves avant les numéros, marges.

POUSSIN (d'après le)

414 — Gravures, Lithographies, et bois tirés de diverses publications
illustrées. Vingt-sept pièces.

PRÉVOST (B.-L.)

415 — *Louis XV*, d'après Cochin. in-8.
Deux épreuves en différents états.

QUENEDEY

416 — *Parmentier* (J.-Ant,-Aug.)
Très belle épreuve, toutes marges.

RAMBERG

417 — Joconde. — La Jument du compère Pierre, deux pièces
Très belles épreuves colo·iées, grandes marges.

REGNAULT (N.-F.)

418 — Le matin. — Le Soir. — La Nuit. — Suite de trois pièces gravées
au pointillé.
Superbes épreuves avant la lettre, les noms gravés à la pointe, marges.

RÉVOLUTION (Pièces sur la)

419 — Evénements historiques. — Portraits. — Vues de la Bastille. —
Attributs; seize pièces.
Belles épreuves.

420 — The tenth of August 1793, in-folio à la manière noire, par R.
Earlom, d'après Zoffani.
Belle épreuve.

RÉVOLUTION (Pièces sur la)

421 — Collection des portraits des membres composant le Corps législatif au 1er prairial de l'an VII, gravée à la manière noire par Gonord.

Suite complète des cent portraits, grandes marges, très rare.

422 — Personnages célèbres, députés, généraux; trente-deux pièces.

Épreuves en noir et en bistre.

423 — Estampes et sujets divers par Girardet, Raffet, Moreau le jeune, Janinet et autres; cinquante-six pièces.

Belles épreuves.

424 — Caricatures, assignats, sujets historiques; quinze pièces.

Épreuves en noir et coloriées.

ROGER (B.)

425 — La Vierge et l'Enfant Jésus, d'après L. Carrache.

Très belle épreuve, marges.

ROPS (F.)

426 — Frontispices pour les bas fonds de la société, les gaietés de Béranger et autres; sept pièces.

Belles épreuves sur papier de Chine volant, trois sont avant la lettre.

ROSSI (Giacomo de)

427 — La Basilica Vaticana, architectura del cavalier Gio. Lorenzo Bernino.

Très belle épreuve, marges.

ROWLANDSON (Th.)

428 — The Departure.

Très belle épreuve coloriée, marges.

429 — The Refreshment 1788.

Très belle épreuve coloriée, petites marges, très rare.

430 — Dressing for a Birthday, 1790.

Très belle épreuve coloriée (racommodage.)

431 — Exhibition Stare-Case.

Superbe épreuve coloriée, grandes marges, très rare.

432 — The Evanouissment.

Très belle épreuve coloriée, petites marges, rare.

433 — French Barracks. — English Barracks; deux pièces faisant pendants, 1791.

Superbes épreuves coloriées à l'aquateinte par F. Malton, marges, très rare.

ROWLANDSON (Th.)

434 — Grog on Board. — Tea on Shore; deux pièces faisant pendants, 1794.
Très belles épreuves en couleur, marges, très rare.

435 — An Italian family, par S. Alken.
Très belle épreuve coloriée, grandes marges.

436 — A French family, par S. Alken, 1792.
Très belle épreuve coloriée, grandes marges, rare.

437 — O Tempora, O Mores, par S. Alken, 1792.
Superbe épreuve coloriée, grandes marges.

RUOTTE

438 — *Lamballe*, (Marie-Thérèse-Louise de Savoie-Carignan, princesse de) d'après Danloux, in-4.
Très belle épreuve, marges.

SAINT-AUBIN (Aug. de)

439 — Le génie des médailles, vignette tête de page pour les *Pierres gravées* du duc d'Orléans.
Très belle épreuve en tirage à part, marges.

440 — *Bourgogne.* (le duc de) — *Necker*; sept Portraits in-8 et in-4.
Belles épreuves, à toutes marges.

441 — *Crébillon.* — *Corneille.* (Th.) — *Retz.* (le cardinal de). — *Mancini Nivernois.* — *Montesquieu.* — *Fenouillot de Falbaire*; six portraits in-12 et in-8.
Belles épreuves, trois sont avec la lettre grise, marges.

442 — *Hamilton.* (Mlle) — *Price.* (Miss) — *Middleton.* (Mrs) — *Temple.* (Miss) — *Jennings.* (Miss) — *Stewart.* (Miss) — *Grammont.* (comte de) — *Hamilton*; 8 portraits in-8.
Epreuves sur papier de Chine volant, à toutes marges.

SAINT-AUBIN (d'après G. de)

443 — Ballet dansé au théâtre de l'opéra dans le carnaval du Parnasse. — La guinguette, divertissement pantomime du théâtre italien; deux pièces faisant pendants, gravées par F. Basan.
Belles épreuves, marges.

444 — Ballet dansé au théâtre de l'opéra dans le carnaval du Parnasse, par F. Basan.
Superbe épreuve à l'eau-forte pure, grandes marges.

SAINT-AUBIN (d'après G. de)

445 — *Moine veillant une jeune fille morte*, par Ch. Mercier.
Très belle épreuve.

SAINT-NON

446 — *Réjouissance villageoise*, d'après Bénard, 1755.
Bel'e épreuve avant la lettre, marges.

SAVART (P.)

447 — *Louis le Grand*, d'après H. Rigaud.
Belle épreuve à toutes marges.

SCHMIDT (G. F.)

448 — *Christian Auguste*, prince d'Anhalt, d'après Pesne, 1750, in-folio.
Très belle épreuve, grandes marges.

SILVESTRE (Israel)

449 — *Diverses paysages mises en lumière par Israel*; suite de douze pièces en largeur.
Très belles épreuves.

SMITH (A.), **BELL**

450 — *Bennigsen*, (baron). — *Platoff*, (Mathieu). — *Tettenborn*, (major général). — *York*, (général L. Van); huit portraits in-8 et in-4.
Très belles épreuves à toutes marges.

SPORT

451 — *Abois du Cerf*. — *La Surprise du renard*; deux pièces d'après Oudry.
Belles épreuves grandes marges.

452 — *Album lithographique 1821*. — *Études de chevaux*; quatorze lithographies, par Carle Vernet.
Épreuves à toutes marges

453 — *Amazones*; douze pièces en noir et coloriées.

454 — *Caractacus*. — *Ormonde*; deux pièces faisant pendants, gravées par Ch. Hunt.
Épreuves coloriées, toutes marges.

455 — *Danse*; neuf gravures et lithographies anciennes et modernes.
Épreuves en noir une et coloriée.

456 — *Danse*; six planches in-4 gravées par Le Bas, avec musique.
Belles épreuves coloriées.

SPORT

457 — Huit planches de la même collection.
Épreuves en noir.

458 — Le départ pour la chasse. - Le retour de la chasse. — La chasse au cerf. — La chasse au renard; quatre pièces en couleur, gravées par Ruotte et Duthé d'après Huet fils.
Très belles épreuves.

459 — *Escrime*. — Brevets de maîtres d'armes. — Intérieur de salle d'armes. — Brevets de contre pointe; neuf lithographies et dessins.

460 — M. H. Angelo's Fencing academy, grand assaut donné dans la salle d'Angelo, par la chevalière d'Eon et le sergent Leger, in-folio d'après Rowlandson.
Belle épreuve avant la lettre coloriée.

461 — Grand assaut d'armes, entre le fils de Saint-George et le fils de Saint-Louis.
Belle épreuve coloriée, marges.

462 — Assaut d'armes donné à Carlton House le 9 avril 1757, entre la chevalière d'Eon de Beaumont et le chevalier de Saint-George, en la présence de son altesse le prince de Wales, la noblesse et plusieurs célèbres maîtres d'armes, d'après Gillray, in-folio.
Belle épreuve coloriée avant la lettre.

463 — La même composition, dessinée à la mine de plomb.

464 — *Escrime et duels;* vingt-cinq pièces.
Belles épreuves en noir et en couleur.

465 — *Escrime*. — Brevets de contre pointe; deux pièces.
Epreuves coloriées à toutes marges.

466 — Etudes de chiens; onze lithographies par Carle Vernet.
Epreuves à toutes marges.

467 — Fox Hunting. Suite de quatre pièces, gravées par Sutherland, d'après Dean Wolstenholme.
Belles épreuves coloriées, à toutes marges.

468 — Gladiateur. — Fille de l'air. — Vermout. — Gontran. Suite de quatre pièces lithographiées, par H. Lalaisse.
Belles épreuves coloriées, à toutes marges.

SPORT

469 — Going it by Steam. — A Steam Coach; trois pièces curieuses sur
les voitures à Vapeur, 1827.
 Belles épreuves coloriées, à toutes marges.

470 — Histoire politique de l'Équitation ancienne et moderne, par
Charles Aubry, titre, couverture et huit lithographies.
 Belles épreuves.

471 — Hunting Scènes. Suite quatre pièces, gravées par Clark et Dubourg
d'après H. Alkin.
 Belles épreuves coloriées, à toutes marges.

472 — Leicestershire. Suite de quatre pièces, d'après John Dean Paul.
 Belles épreuves coloriées à toutes marges.

473 — Opposition Coaches at Speed. — Quicksilver Royal mail. — Four
in Hand. — The Edinburg express. Suite de quatre pièces d'après
Pollard et Newhouse.
 Belles épreuves coloriées, à toutes marges.

474 — Promenade au haras ; gravé par Duplessis Bertaux et Chollart,
d'après Carle Vernet
 Belle épreuve à toutes marges.

475 — Recueil de chevaux de tous genres, dessinés par Carle et Horace
Vernet, s. d., titre et onze planches gravées par Levachez.
 Belles épreuves, marges.

476 — The Royal Mails departure from the general Post office. London,
gravé par R. G. Reeves, d'après J. Pollard.
 Belle épreuve coloriee, à toutes marges.

477 — A Family party takeing and Airing. — The New long Back'd
Hobby made to Carry three without Kicking; deux pièces curieuses
sur les vélocipèdes.
 Très belles épreuves coloriées, grandes marges.

478. — The Parsons Hobby or Comfort for a welch Curate. - Anti Dandy
Infantry Triumphant, or the Velocipede Cavalry unhobbid. — The
Dandy and his Postillion, or the waag to laugh up Hill; trois pièces
sur les vélocipèdes.
 Très belles épreuves coloriées, grandes marges.

479 — The ladies Hobby. — A. P...e, Driving his Hobby in Herford !!;
Deux pièces sur les vélocipèdes.
 Très belles épreuves coloriées, grandes marges rare.

SPORT

480 — Every one his hobby; deux pièces sur les vélocipèdes, faisant pendants.
Très belles épreuves coloriées, marges.

481 — Voitures, carrosses, cabriolets; vingt dessins à la plume et à l'aquarelle.

482 — Voitures, — Scènes et études de chevaux, par Alfred de Dreux; dix pièces.

483 — Voitures et sujets variés pour selliers-carossiers; quatorze pièces,
Belles épreuves à toutes marges.

484 — Voitures anciennes et modernes; quarante-deux pièces coloriées.

TARDIEU (Alex.)

485 — *Voltaire*, d'après le buste de Houdon 1817, in-8.
Deux épreuves, dont une avant la lettre, grandes marges.

TASSAERT (J.-J. F.)

486 — *Brune*, général en chef, représenté à cheval, d'après le citoyen F.-J. Harriet.
Très belle épreuve, grandes marges.

VACHEZ, CAYLUS (comte de)

487 — *Voltaire* en pied; cinq portraits différents, in-4.
Belles épreuves.

VANGELISTY

488 — *Desallier d'Argenville*, in-4.
Très belle épreuve avant toutes lettres, marges.

VANLOO (d'après Carle)

489 — Lecture Espagnole, gravé par Beauvarlet.
Belle épreuve, marges.

VERNET (d'après J.)

490 — Le matin, par Aliamet.
Belle épreuve, marges.

VIEN (d'ap.)

491 — Offrande à Cérès, par Beauvarlet.
Belle épreuve, marges.

VUES D'OPTIQUE

492 — France; cinquante pièces en noir et coloriées.

493 — Hollande; cinquante pièces coloriées.

VUES D'OPTIQUE

494 — Italie, Espagne; soixante-deux pièces coloriées.

WATTEAU (d'après L.)

495 — La quatorzième expérience aérostatique de M. Blanchard, accompagné du chevalier de Lépinard, faite à Lille en Flandre, le 26 août 1785. — Entrée de M. Blanchard et du chevalier de Lépinard dans la ville de Lille; deux pièces faisant pendants, gravées par Helman.
Belles épreuves, marges, une est avant la lettre.

WATTEAU (d'après A.)

496 — Le Bivouac.
Très belle épreuve à l'eau-forte pure, petites marges.

497 — Comédiens Français, par J.-M. Liotard.
Belle épreuve, petites marges.

498 — Le Repas de campagne, gravé par Deplace.
Belle épreuve, marges.

DESSINS

ANONYME

499 — *Voltaire*, in-8, d'après de La Tour, dans un encadrement calligraphique et avec légende manuscrite.
A la plume.

BOSCH (Jerome van Aeken, dit Bos ou 1450-1516

500 — La Tentation de Saint-Antoine.
A la plume, les personnages au lavis de sépia, et le fond bleuté.

CALLOT (attribué à J.)

501 — Scènes militaires. — Costumes; cinq dessins.
A la plume.

CHÉRET (attribué à)

502 — Croquis pour affiche.
A la plume et au lavis d'encre de Chine.

CHOQUET

503 — *Portmouth*, (la duchesse de) d'après Petitot, 1819
A la sépia.

DESHAYES (E.)

504 — Portrait d'homme, vu de profil.
Crayon noir rehaussé de sanguine, signé et daté 1773.

ÉCOLE ALLEMANDE

505 — Saint-Pierre et autre saint.
A la plume daté, 1521.

506 — Reitres et vivandière.
A la plume, signé dn monogramme B. H. F.

507 — Personnages en pied, avec motifs d'architecture ; deux dessins.
A la plume, lavés de bistre et d'encre de Chine, signés d'un monogramme et datés 1625 (attribués à Hans Sebalt Béham)

508 — Hommes d'armes, groupe de cinq personnages.
A la plume, signé du monogramme H. F. 1516.

509 — Saint-Pierre. — Saint-André et autre saint ; trois pièces
A la plume et au lavis d'encre de Chine.

ÉCOLE FRANÇAISE DU XVII· SIÈCLE

510 — *Elisabeth d'Autriche*, femme de Charles IX, roi de France.
Au crayon noir.

511 — Chevalier armé pour un tournoi.
A la plume, lavé de sépia

512 — *Sévigné*, (*Mme de*) in-4.
Aux crayons de couleur.

ÉCOLE FRANÇAISE DU XVIII· SIÈCLE

513 — Portrait de jeune femme, coiffée d'un bonnet.
Aux trois crayons.

514 — La Rosalba.
Crayons de couleur.

515 — *Stanislas Leckzinski?* ovale in-4.
A l'encre de Chine.

516 — Guerrier moyen âge à cheval.
Plume et lavis de sépia.

517 — Portrait d'un général.
Encre de Chine, rehaussé de gouache.

ÉCOLE HOLLANDAISE

518 — Portraits de peintres, six pièces.
A l'encre de Chine, très beaux.

EYCK (J. Van) 1397-1440

519 — Homme lançant une corde.
A la pierre noire, rehaussée de sanguine, signé.

FRAGONARD (Honoré)

520 — Croquis pour Roland furieux, deux pièces.
Esquisses à la pierre noire.

GRAFF (Urs), graveur suisse, né à Bâle vers 1170

521 — Danse de paysans. Composition à deux personnages, deux pièces
A la plume, signés et datés 1525 (ont servi à la gravure).

GROBON (F.-F.)

522 — L'été, buste de jeune femme avec les emblèmes de la moisson.
Mine de plomb.

HELST (Barth. van der), 1612-1670

523 — Tête de Jeune homme, grandeur nature.
Au crayon noir, rehaussé de blanc, sur papier bleu.

HUBER (Wolfgang)

524 — Le martyre de Saint Sébastien.
A la plume, signé du monogramme et daté de 1509.

KIRBERGER (Nicolas)

525 — Castel au milieu d'une forêt.
A l'encre de Chine, rehaussé de gouache, signé

LE BEL

526 — Homme debout, tenant une palme.
Très beau dessin à la plume et à l'aquarelle, signé,

LEGRAND

527 — Le vertueux *Joseph Cange*, commissionnaire de Saint-Lazare, né à
Saarbourg, département de la Meurthe, en 1753.
Au crayon noir.

LEYDE (Attribué à Lucas de)

528 — Pasteur tenant une houlette.
A la plume.

MAIR (Alexandre) graveur d'Augsbourg

529 — Enfant assis, goûtant une pomme.
A la plume, signé du monogramme et daté 1583.

MINIATURES ANCIENNES

530 — Lettres ornées ; — motifs d'ornements, tirés d'Antiphonaires.
Treize pièces.
Très belles compositions rehaussées d'or.

531 — Jésus et les Apôtres. — Saint André, deux pièces.
Lettres ornées, rehaussées d'or.

532 — Lettres ornées, avec animaux fantastiques. Sept pièces.
Curieuses compositions.

MONNIER (Henry)

533 — Une conversation.
A la sépia, signé 1825, encadré.

534 — Portrait d'homme assis.
A la mine de p'omb et au crayon noir.

PORBUS (Franz) 1570-1622

535 — Fauconnier à cheval.
A la plume, lavé d'encre de chine.

SERGENT

536 — *Harcourt*, (le duc d') dit le cadet à la perle.
Aquarelle, a été gravée en couleur.

537 — Prise d'Orléans, in-8 en largeur.
Plume et aquarelle.

538 — Scènes historiques; quatre dessins in-8 en largeur.
A la plume et au lavis de bistre.

VAN DYCK (d'après)

539 — *Van den Wouver* (Jean), in-4.
A l'encre de chine.

VIEN (J.)

540 — Le Mufti. — Porte enseigne. — Sultane de Transilvanie et autres
costumes orientaux; six pièces.
Belles compositions aux deux crayons.

VINCENT

541 — Jeune femme assise, jouant de la harpe.
A la pierre noire, rehaussé de blanc.

542 — Sous ce numéro, il sera vendu par lots, environ soixante dessins,
tableaux, miniatures, fixés, etc.

MÉDAILLONS EN BRONZE
(par David d'Angers)

543 — **Bonaparte**, diamètre de 0,155 mill.

544 — **Caroline Murat**, diamètre de 0,180 mill.

545 — **Charlet**, diamètre de 0,117 mill.

546 — **Marat**, diamètre de 0,120 mill.

547 — **Robespierre**, diamètre de 0,148 mill.

Paris — Imp PAIRAULT et Cie, 3, passage Nollet (2641)

Gravures en lots
(Vendues après le n° 498.

5 pièces encadrées , 4 francs . Binke
1 peinture   8. 50
8 dessins et aquarelles
dont un portrait par   } 3   Binke
Guérin et une miniature
par Clerget
5 pièces dont plusieurs } 6   Binke
Lalanne
6 pièces (chevaux etc)   10   Binke
6 miniatures   13   on paie
7 cuivres   2, 50 français
8 miniatures   2.

46